SIMPLE ET DÉLICIEUX

Ange

La cuisine vegétarienne au wok

Chantecler

Table des matières

Avant-propos ——————————————————— 3

Le wok ——————————————————————— 4
Entrées et soupes ————————————————— 6
Plats au tofu ———————————————————— 18
Légumes et champignons ————————————— 28
Nouilles —————————————————————— 40
Riz et céréales ——————————————————— 52

Index des recettes ————————————————— 63

Avant-propos

Le wok, l'ustensile de cuisine chinois par excellence, sert à cuire, frire, étuver ou cuire à la vapeur. Le wok est cependant spécialement adapté à une cuisson particulière où les petits morceaux d'aliments sont cuits en les tournant rapidement et en les mélangeant continuellement, dans le wok chauffé à haute température.

La réussite de cette méthode de cuisson dépend en fait d'une préparation minutieuse. Tous les ingrédients doivent être prêts à l'emploi au moment où vous démarrez la cuisson. Si votre wok est préchauffé, tout va très vite et il ne reste pas de temps disponible pour, à ce moment, nettoyer et découper les aliments.

Les plats au Wan-Tan décrits dans le chapitre des entrées et des soupes sont calculés pour 4 personnes, mais toutes les autres préparations sont prévues pour seulement 2 personnes.

Si vous désirez ravir vos invités avec des mets préparés au wok, il vous suffira de multiplier la quantité d'ingrédients d'après le nombre d'invités. Vous pouvez aussi prévoir 2 ou 3 préparations différentes, par exemple une au riz, une avec des nouilles et une troisième avec du tofu ou des légumes.

Comme vous aurez préparé tous les ingrédients avant l'arrivée de vos invités et que la cuisson se fera très rapidement, vous aurez le plaisir de pouvoir partager le repas avec eux.

Les Asiatiques mangent et cuisinent de manière plus saine que nous. Grâce au temps de cuisson très limité, le goût, les vitamines et les sels minéraux sont bien conservés. Les légumes frais, le tofu riche en protéines, le riz et les différentes sortes de nouilles sont particulièrement appréciés et la cuisine chinoise dispose d'un grand nombre de recettes pour les accommoder de différentes manières.

Dans ce livre, chaque recette est expliquée en détail. Pour chaque recette, vous trouverez le temps nécessaire à la réalisation, y compris le temps de cuisson:
Rapide: durée inférieure à 30 mn
Demande du temps: entre 30 mn et 1 h 30
Longue durée: durée supérieure à 1 h 30
Les personnes qui suivent un régime trouveront également à côté de chaque recette le nombre de calories que contient la préparation ainsi que des suggestions quant aux boissons et aux plats qui s'harmonisent le mieux avec le mets.
Il ne reste plus qu'à vous souhaiter bonne chance avec la cuisine végétarienne au wok.

Abréviations:

c.s.	= cuiller à soupe (rase)
c.c.	= cuiller à café (rase)
l	= litre
ml	= millilitre (1/1000 l)
kg	= kilogramme
g	= gramme
kcal	= kilocalorie
env.	= environ
mn	= minute(s)
h	= heure(s)

Le wok

Le wok est vraiment le cœur de la cuisine chinoise. Le terme "wok" fait son apparition dans le dialecte cantonais et signifie tout simplement "récipient servant à cuire". Le wok classique est en fait une poêle profonde, en fonte, conçue pour la cuisson sur un feu ouvert, c'est la raison pour laquelle le fond est bombé. Si l'on y ajoute un anneau métallique, il peut s'adapter à la cuisson sur une plaque de cuisson traditionnelle.

Cet ustensile a été inventé en Chine principalement à cause du manque de combustible. Il n'y avait qu'un feu de disponible, tout devait donc pouvoir être cuit dans le même récipient. Pour pouvoir profiter au maximum de la chaleur du feu, la poêle a été martelée pour obtenir sa forme bombée, ce qui permet aussi de la pendre juste au-dessus du feu. Les ingrédients étaient coupés en petits morceaux pour réduire le plus possible le temps de cuisson.

Pour les cuisinières électriques avec des plaques en fonte ou en céramique, il faut employer un wok à fond plat, qui convient d'ailleurs aussi pour les cuisinières à gaz.

Les woks à parois minces conduisent rapidement la chaleur vers l'intérieur et refroidissent tout aussi rapidement quand on les retire de la source de chaleur. Ils ressemblent le plus aux premiers woks. Beaucoup de woks modernes sont réalisés en fonte ou dans un matériau composé de plusieurs couches (les couches intérieures et extérieures réalisées en acier chromé et la partie centrale en aluminium). Il faut compter plus longtemps pour atteindre le niveau de chaleur désiré mais ils conservent davantage la chaleur. Pour éviter que les aliments ne soient trop cuits, il faut les retirer rapidement du wok et les garder au chaud.

Certains woks sont combinés à un réchaud et peuvent de ce fait être placés à table. Un grand réchaud ou plusieurs petits permettent de garder les aliments au chaud, mais ne servent pas à prolonger la cuisson. Les woks électriques peuvent aussi s'employer à table.

Dans les paragraphes qui suivent vous trouverez quelques indications utiles pour utiliser le wok de manière optimale.

Comment se servir du wok
Avant de l'employer la première fois, nettoyez-le avec de l'eau et un peu de détergent, séchez-le bien. Enduisez-le ensuite d'un peu d'huile et faites-le chauffer jusqu'à ce qu'il commence à fumer. Laissez-le refroidir, rincez-le à l'eau chaude et frottez-le avec de l'huile pour qu'il soit bien enduit. Frottez-le, après chaque usage, avec un papier essuie-tout, rincez-le éventuellement à l'eau chaude et enduisez-le à nouveau d'un peu d'huile. Les woks dont les parois sont composées de plusieurs couches ou ceux fabriqués en acier inoxydable ne doivent pas être huilés.

Cuire en tournant
C'est la méthode par excellence de la cuisson au wok: les aliments découpés en petits morceaux sont cuits instantanément, en les tournant continuellement. Il faut d'abord verser de l'huile – 2 c.s. suffisent – dans le wok et la faire chauffer jusqu'au moment où elle commence à fumer. Pour que tous ceux soient prêts en même temps, il faut d'abord mettre les aliments dont le temps de cuisson est le plus long. Ajoutez, les uns après les autres, les autres ingrédients en tenant compte de leur durée de cuisson. Les aliments tendres, comme par exemple les légumes à feuilles, sont rajoutés en dernier lieu. Les aliments déjà cuits sont repoussés vers les extrémités du wok, sur les bords. On peut aussi les déposer soit sur la grille qui accompagne souvent le wok, soit sur une assiette et gardés au chaud.

Cuisson à la vapeur
Le wok convient très bien à ce type de cuisson très saine. Les aliments cuisent à la vapeur d'eau, dans le wok fermé.
Vous trouverez dans les magasins asiatiques ou les magasins spécialisés en articles de cuisine les accessoires permettant ce type de cuisson, soit en bambou tressé soit en métal.
Les aliments sont disposés dessus; on chauffe environ 3/4 l d'eau dans le wok, on dépose l'accessoire dans le wok qu'on

referme avec son couvercle. Si vous ne disposez pas des accessoires nécessaires, vous pouvez employer une tasse, peu profonde et résistant à la chaleur, que vous déposez, retournée, dans le fond du wok et sur laquelle vous déposez une assiette contenant les aliments à cuire.

Frire

La forme semi-circulaire du wok permet de frire avec beaucoup moins de matière grasse que dans une friteuse ordinaire. Pour le reste rien ne change.

Ne faites jamais de friture sur le réchaud car lorsque le wok est rempli d'une assez grande quantité de graisse, la stabilité nécessaire n'est plus garantie. Mettez toujours le wok sur la cuisinière lorsque vous voulez frire des aliments.

Choisissez une huile qui supporte des températures élevées sans brûler. Les huiles végétales conviennent particulièrement bien, notamment l'huile d'arachide ainsi que des graisses solides appelées souvent graisse à frire. Le beurre, la margarine et les huiles de pression à froid sont absolument à proscrire car ils émettent, sous l'effet des températures élevées, des substances hautement toxiques.

Pour savoir si la température atteinte est assez élevée, placez le manche d'une cuillère en bois dans l'huile: si vous voyez remonter des petites bulles, la température est suffisante. Vous pouvez alors déposer les ingrédients dans la friture; mais n'en mettez pas trop à la fois car cela ferait trop baisser le niveau de température et les aliments absorbent alors une trop grande quantité de graisse. Les aliments sont tournés plusieurs fois pour être finalement retirés avec une écumoire. Egouttez les aliments quelques instants sur du papier de cuisine, avant de les servir.

Cuire et étuver

Le wok convient également pour une cuisson traditionnelle et vous pouvez réaliser d'excellentes soupes dans le wok.

Les aliments qui ne sont pas encore parfaitement cuits après avoir été saisis dans un peu de graisse chaude peuvent être braisés ou étuvés ensuite en ajoutant un peu de liquide dans le wok (du bouillon ou du vin) et mijotés à couvert. N'oubliez pas de les retourner plusieurs fois.

ENTRÉES ET SOUPES

Les petits plats sont fort appréciés en Asie où ils sont présentés en entrées ou comme en-cas. Le wok permet de les réaliser très facilement.
Les soupes sont aussi cuites au wok. Mais elles sont généralement présentées en fin de repas. Vous pouvez bien sûr aussi les servir comme premier plat.

Pâte à Wan-Tan

- Pour 16 à 20 morceaux de pâte
- Préparation: env. 45 mn
- Repos: env. 30 mn

150 g de farine de froment fine
1 œuf, 1 c.c. de sel, 2 c.s. d'huile

1. Mélanger la farine avec l'œuf, le sel et l'huile et pétrir pour obtenir une pâte lisse. Former de petites boules et laisser reposer au frais 1/2 heure, en couvrant.

2. Diviser la pâte en portions, soit avec une machine à nouilles soit en l'étalant sur un plan de travail légèrement enfariné pour obtenir une pâte très fine.

3. Couper la pâte en carrés de 8 à 10 cm de côté (16 à 20 morceaux). Empiler les carrés de pâte en couches, en saupoudrant chaque fois de farine pour éviter qu'ils ne collent l'un à l'autre.

4. Recouvrir avec un linge humide ou une feuille de plastique alimentaire transparent pour éviter qu'ils ne dessèchent.

Conseil:
Ces carrés de pâte sont disponibles, en surgelés, dans les magasins d'alimentation asiatique. Recouvrez-les d'un linge humide quand vous les laissez dégeler.

Rouleaux de printemps farcis aux lentilles et au curry

- Préparation: env. 45 mn
- Env. 360 kcal par portion
- Accompagnement: sauce de soja aigre-douce

16 morceaux de pâte Wan-Tan (recette p. 6)
1 c.s. de farine, délayée dans un peu d'eau
1/2 l d'huile pour frire

Pour la farce:
150 ml de bouillon de légumes
75 g de lentilles rouges
2 c.s. de curry
2 oignons de printemps
sel
1/2 c.c. de cumin moulu

1. Faire dégeler les plaques de Wan-Tan, en les couvrant ou les préparer d'après les indications de la recette.

2. Amener le bouillon à ébullition pour la farce. Verser, en pluie, les lentilles et la poudre de curry et faire cuire les lentilles à couvert, sur feu moyen, pendant 10 minutes.

3. Couper les oignons en fines rondelles et les mélanger aux lentilles. Epicer avec du sel et du cumin et laisser un peu refroidir.

4. Etendre les morceaux de pâte et enduire les bords avec de l'eau mélangée à de la farine. Répartir la farce sur les carrés, les enrouler en repliant les bords vers l'intérieur. Bien appuyer sur les bords.

5. Frire les rouleaux, par portion, au wok, dans l'huile chaude.

DEMANDE DU TEMPS
PIQUANT

Wan-Tan cuits à la vapeur

- Préparation: env. 45 mn
- Trempage: env. 20 mn
- Env. 250 kcal par portion
- Accompagnement: sauce de soja

Pour la pâte:
16 plaques de Wan-Tan

Pour la farce:
5 g de champignons chinois Mu-Err
1 oignon de printemps
50 g de grains de maïs (en boîte)
1 c.s. de gingembre coupé en dés fins
2 c.s. de sauce de soja, 1 c.s. de vin de riz, poivre du moulin

En outre:
1 c.s. de farine, dans un peu d'eau

1. Préparer les plaques de Wan-Tan. Faire tremper les champignons pendant 20 minutes dans de l'eau chaude.

2. Emincer l'oignon. Egoutter les champignons, les couper, sans le pied, en petits morceaux. Mélanger le gingembre avec la sauce de soja, le vin de riz et le poivre, et ajouter ce mélange aux champignons et aux légumes.

3. Etendre les plaques de pâte, enduire les bords avec la farine mélangée à l'eau. Déposer 1 cuillère de farce, remonter les bords de la pâte et les presser l'un contre l'autre pour obtenir de petites pochettes.

4. Déposer les pochettes de pâte dans le panier à vapeur. Faire cuire à la vapeur, au wok, 10 minutes.
(sur la photo du haut)

Wan-Tan frits

- Préparation: env. 45 mn
- Env. 380 kcal par portion
- Accompagnement: sauce de soja

Pour la pâte:
16 plaques de pâte à Wan-Tan surgelées ou la recette p.6

Pour la farce:
100 g de germes de soja
3 oignons de printemps
1 c.s. de noix de cajou hachées
2 c.s. de vin de riz
2 c.s. de sauce d'huîtres
un peu de verdure de coriandre fraîche, hachée
poivre noir fraîchement moulu
1 c.s. d'huile, 1 c.c. de fécule

En outre:
1 c.s. de farine, délayée dans un peu d'eau
1/2 l d'huile pour friture

1. Préparer les plaques de Wan-Tan.

2. Couper les germes de soja et les oignons de printemps en petits dés. Mélanger aux noix de cajou, au vin de riz, à la sauce d'huîtres, une partie de la verdure de coriandre, le poivre, l'huile et la fécule.

3. Etendre les plaques de pâte et enduire les bords avec de la farine mélangée à de l'eau. Déposer un peu de farce au milieu de chaque morceau de pâte, et refermer la plaque de pâte dessus. Bien presser les bords de pâte.

4. Chauffer l'huile dans le wok, faire dorer les Wan-Tan dans l'huile en les retournant souvent.
(sur la photo du bas)

DEMANDE DU TEMPS • **CHINOIS**

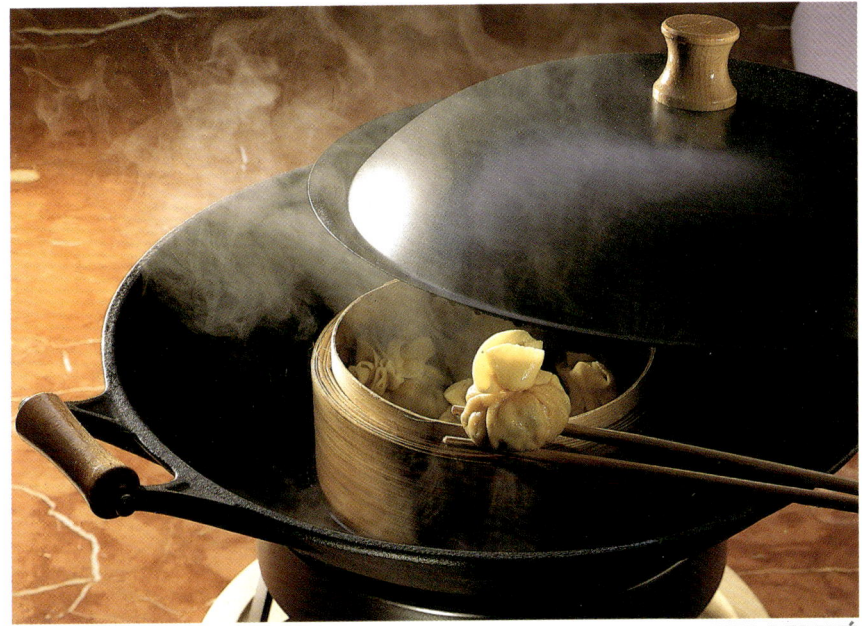

DEMANDE DU TEMPS • **FIN-RELEVÉ**

Rouleaux de printemps au tofu

- Préparation: env. 45 mn
- Env. 320 kcal par portion
- Accompagnement: sauce de soja

Pour la pâte:
16 plaques de Wan-Tan

Pour la farce:
1 gousse d'ail hachée
1 c.c. de gingembre finement râpé
2 c.s. de sauce de soja
50 g de tofu
1 petite carotte, 1 petit poireau

En outre:
1 c.s. de farine dans un peu d'eau
1/2 l d'huile pour friture

1. Préparer les plaques de Wan-Tan.
2. Pour la farce, mélanger l'ail et le gingembre à la sauce de soja. Couper le tofu en petits dés et l'ajouter également.
3. Couper la carotte en fines lamelles. Couper le poireau, de biais, en fines rondelles. Mélanger le tout au tofu.
4. Etendre les plaques de pâte et enduire les bords avec de l'eau mélangée à de la farine. Mettre à chaque fois 1 c.c. de farce sur la pâte, enrouler la pâte sur elle-même en repliant les côtés vers l'intérieur. Bien presser les bords.
5. Chauffer l'huile dans le wok, frire les mini-rouleaux pour qu'ils soient bien dorés et les égoutter sur du papier essuie-tout.
(sur la photo: en bas)

Pochettes de pâte à la noix de coco

- Préparation: env. 45 mn
- Env. 360 kcal par portion
- Accompagnement: sauce aigre-douce

Pour la pâte:
16 plaques de pâtes à Wan-Tan

Pour la farce:
100 g de chou chinois, 1 oignon de printemps
25 g de crème de noix de coco solide
1 c.s. de sauce de poisson
1-2 c.s. de sambal oelek
poivre noir fraîchement moulu
1 c.s. de sauce de soja claire

En outre:
1 c.s. de farine, dans un peu d'eau
1/2 l d'huile pour friture

1. Préparer les plaques de Wan-Tan.
2. Emincer le chou chinois et l'oignon. Mélanger la crème de noix de coco avec la sauce de poisson, le sambal oelek, le poivre et la sauce de soja, et réchauffer légèrement. Incorporer les légumes.
3. Etendre les plaques de pâte et enduire les bords avec de l'eau mélangée à de la farine. Déposer une cuillère bien pleine de farce au milieu de la plaque, couvrir avec une deuxième plaque et bien presser sur les bords. Découper des cercles avec un verre ou un emporte-pièce rond.
4. Frire les pochettes dans de l'huile chaude et laisser égoutter sur du papier essuie-tout.
(sur la photo: en haut)

DEMANDE DU TEMPS • **CROUSTILLANT**

DEMANDE DU TEMPS • **THAÏLANDAIS**

Boulettes indiennes aux légumes

- Préparation: env. 30 mn
- Env. 230 kcal par portion
- Accompagnement: sauce de soja et salade frisée

> 80 g de farine de pois chiches
> 1/4 c.c. de curcuma en poudre
> 1/4 c.c. de poivre de Cayenne
> 1/2 c.c. de curry
> 1/2 c.c. de cumin moulu
> 1 c.c. de sel
> 1 petite carotte
> 1 petite pomme de terre
> 1 petit oignon
> 2 c.s. de persil haché
> 1/2 l d'huile pour friture

1. Mélanger la farine de pois chiches avec le curcuma, le poivre de Cayenne, le curry, le cumin, le sel et 60 ml d'eau pour obtenir une pâte lisse.

2. Couper la carotte, la pomme de terre et l'oignon en fins dés et les mélanger à la pâte. Incorporer le persil.

3. Chauffer l'huile. Prendre un peu de pâte dans une cuillère à café et la faire glisser dans l'huile à l'aide d'une deuxième cuillère. Ne pas mettre trop de boulettes ensemble dans l'huile.

4. Faire dorer les boulettes pendant 3 minutes dans l'huile, les ressortir avec une écumoire et les égoutter sur du papier essuie-tout. Procéder de la même façon avec toute la pâte.
(sur la photo du haut)

Soupe au Wan-Tan

- Préparation: env. 1 h
- Trempage: 20 mn
- Env. 220 kcal par portion
- Accompagnement: verre de vin de riz

> 6 plaques de Wan-Tan surgelées ou préparées selon la recette p.6
> 5 g de champignons chinois Mu-err
> 1 oignon de printemps
> 50 g de grains de maïs (en boîte)
> poivre noir du moulin
> 1 c.c. de gingembre haché
> 1 c.s. de sauce de soja
> 1 c.c. de farine, avec un peu d'eau
> 1/2 l de bouillon de légumes
> 50 g de cresson de fontaine

1. Préparer les plaques de Wan-Tan. Faire tremper les champignons pendant 20 minutes dans de l'eau chaude.

2. Egoutter les champignons et les couper en petits morceaux. Couper l'oignon en fines rondelles. Les mélanger aux grains de maïs et aux champignons, et les épicer avec du poivre, du gingembre et de la sauce de soja.

3. Etendre la pâte et enduire les bords avec de la farine délayée. Déposer une cuillère à café de farce sur chaque plaque, relever les bords et presser les quatre coins pour former une bourse.

4. Porter le bouillon à ébullition dans le wok et cuire les Wan-Tan à feu moyen pendant 10 minutes.

5. Découper le cresson et le laisser quelques instants dans le bouillon.
(sur la photo du bas)

RAPIDE • PIQUANT

DEMANDE DU TEMPS • CHINOIS

13

RAPIDE • CROQUANT

Brocoli frit au fromage

- Préparation: env. 30 mn
- Env. 350 kcal par portion
- Accompagnement: sauce au yaourt

250 g de brocoli
sel
70 g de farine
1 gros œuf (jaune séparé du blanc)
2 c.s. de vin blanc sec
2 c.s. de persil haché
2 c.s. d'emmenthal râpé
1 c.s. de graines de sésame
poivre noir du moulin
1/2 l d'huile pour friture

1. Couper le brocoli en petits bouquets, les précuire dans de l'eau salée pendant 2 minutes et bien les égoutter.

2. Mélanger la farine avec le jaune d'œuf, le vin ou l'eau et assaisonner avec du persil, de l'emmenthal, des graines de sésame, du poivre et un peu de sel. Battre le blanc d'œuf en neige et l'incorporer à la pâte.

3. Chauffer l'huile dans le wok. Tourner les bouquets de brocoli dans la pâte, les passer à la friture chaude et les faire dorer sur tous les côtés. Les retirer du wok avec une écumoire et les égoutter sur du papier essuie-tout. Procéder ainsi pour le reste des légumes.

RAPIDE • RELEVÉ

Soupe épicée à la noix de coco

- Préparation: env. 30 mn
- Marinage: 1 h
- Env. 190 kcal par portion
- Accompagnement: pain galette

1 c.c. de gingembre finement haché
1 gousse d'ail pressée
2 piments rouges émincés finement
2 c.s. de sauce de soja
2 c.c. de jus de citron
75 g de tofu, 20 g de nouilles larges
60 g de crème de noix de coco solide
1/2 l de bouillon de légumes
2 c.s. de grains de maïs (en boîte)
poivre noir fraîchement moulu
citronnelle hachée ou morceaux de ciboulette selon le goût

1. Mélanger le gingembre avec l'ail, les piments, la sauce de soja et le jus de citron. Couper le tofu en petits dés, l'ajouter au mélange et laisser mariner 1 heure, à couvert.

2. Laisser gonfler les nouilles larges dans de l'eau fortement salée.

3. Râper la crème de noix de coco, la verser avec le bouillon dans le wok et amener à ébullition en tournant. Ajouter le tofu avec la marinade et les grains de maïs et faire cuire le tout. Assaisonner la soupe avec du poivre, et la saupoudrer avec de la citronnelle ou de la ciboulette.

Soupe amère de vermicelles de soja

- Préparation: env. 30 mn
- Trempage: 20 mn
- Env. 100 kcal par portion
- Accompagnement: verre de vin de riz

20 g de vermicelles de soja
7 g de champignons Tongu séchés
75 g de pois mange-tout
1 petit poivron rouge
1/2 l de bouillon de légumes
1-2 piments finement hachés
1 c.c. de gingembre haché
2 c.s. de sauce d'huîtres
2-3 c.s. de vinaigre de riz
poivre de Szechwan ou poivre noir grossièrement moulu

1. Faire tremper séparément pendant 20 minutes, dans de l'eau chaude, les vermicelles de soja et les champignons Tongu.

2. Diviser les pois mange-tout en diagonale, en deux ou trois parties. Emincer finement le poivron.

3. Amener le bouillon de légumes à ébullition dans le wok et épicer avec du piment, du gingembre, de la sauce d'huîtres, du vinaigre de riz et du poivre de Szechwan. Couper les champignons en lamelles, sans le pied, les mettre avec les légumes dans le wok et cuire la soupe pendant 5 minutes.

4. Egoutter les vermicelles de soja, les couper en morceaux avec des ciseaux. Les ajouter à la soupe et réchauffer le tout.
(sur la photo du haut)

Soupe au curry

- Préparation: env. 30 mn
- Env. 170 kcal par portion
- Accompagnement: pain aux oignons

1 botte d'oignons de printemps
50 g de champignons
1 c.s. d'huile
2 gousses d'ail finement hachées
1 piment coupé en dés
1-2 c.s. de curry en poudre
1/2 l de bouillon de légumes
2 c.c. de fécule
75 g de riz long grain cuit
100 ml de yaourt entier
sel
poivre noir fraîchement moulu
1 c.c. de verdure de coriandre hachée

1. Couper la partie blanche des oignons de printemps en petits dés, et émincer la partie verte. Couper les champignons en lamelles.

2. Chauffer l'huile dans le wok et faire revenir les parties blanches des oignons, l'ail et les dés de piment. Saupoudrer de poudre de curry et laisser suer quelques instants. Mélanger le bouillon avec la fécule et verser dans le wok. Laisser cuire le tout pendant 5 minutes.

3. Ajouter les morceaux de verdure d'oignon, les champignons et le riz et réchauffer le tout pendant 2 minutes.

4. Mélanger le sel, le poivre et la coriandre au yaourt. Verser sur la soupe au moment de servir.
(sur la photo du bas)

RAPIDE • **RELEVÉ-AMER**

RAPIDE • **ÉPICÉ-PIQUANT**

PLATS AU TOFU

Le tofu, aussi appelé fromage de soja, est un aliment riche en protéines mais pauvre en calories, servi de toutes les façons en Asie. Il remplace de façon économique la viande et permet de varier les plats de manière saine et savoureuse.

Paupiettes de chou chinois, à la vapeur

- Préparation: env. 45 mn
- Env. 170 kcal par portion
- Accompagnement: riz

> 1 petit chou chinois
> 2 petites carottes
> 125 g de tofu
> 1 c.s. de jus de citron
> 1 gousse d'ail écrasée
> 1 c.s. de gingembre râpé
> sel
> poivre noir fraîchement moulu
> un peu de cumin
> 2 c.s. d'huile
> éventuellement quelques bins de ciboulette et de verdure d'ail

1. Retirer les feuilles extérieures du chou chinois et les mettre sur le côté. Couper le trognon et le restant du chou en morceaux de 1 à 2 cm. Couper les carottes en fines rondelles.

2. Couper le tofu en morceaux de 1 à 2 cm et assaisonner avec du jus de citron, de l'ail, du gingembre, du sel, du poivre et du cumin. Déposer un peu de tofu sur chaque feuille de chou chinois, refermer la feuille pour bien l'envelopper et éventuellement lier avec quelques brins de ciboulette ou de verdure d'ail. Déposer les paupiettes sur une assiette.

3. Amener 375 ml d'eau à ébullition dans le wok, placer dans celui-ci une assiette retournée et déposer dessus l'assiette contenant les paupiettes. Refermer avec le couvercle du wok et laisser cuire pendant 10 minutes.

4. Retirer l'assiette du wok et vider l'eau. Chauffer l'huile dans le wok, faire revenir les carottes et ajouter les morceaux de chou. Saler, poivrer et servir avec les paupiettes.

DEMANDE DU TEMPS
DOUX

Tofu braisé au brocoli

- Préparation: env. 30 mn
- Env. 260 kcal par portion
- Accompagnement: vermicelles de riz

250 g de tofu
1 citron non traité
poivre fraîchement moulu
2-3 gousses d'ail
500 g de brocoli
2 c.s. d'huile
50 ml de bouillon de légumes
4 c.s. de sauce de soja

1. Diviser le tofu en gros morceaux. Laver le citron à l'eau chaude, le sécher, râper le zeste et le presser pour retirer le jus. Mélanger le jus et le zeste avec le poivre, presser l'ail et l'ajouter. Tourner finalement le tofu dans cette marinade.

2. Couper le brocoli en bouquets. Les blanchir pendant 3 minutes dans l'eau bouillante, les passer sous l'eau froide et bien les égoutter.

3. Faire chauffer l'huile dans le wok, faire revenir les morceaux de tofu de tous les côtés, pour qu'ils soient bien bruns et les pousser sur les bords.

4. Ajouter les brocolis, les braiser avec le reste et les tourner délicatement. Verser le bouillon et épicer le tout avec la sauce de soja et le poivre.
(sur la photo: en haut)

Tofu à la sauce de poisson

- Préparation: env. 20 mn
- Marinage: env. 2 h
- Env. 310 kcal par portion
- Accompagnement: riz

2 piments rouges
2 gousses d'ail hachées
3 c.s. de sauce de poisson
1 c.s. de vinaigre de vin
2 c.s. de sauce de soja douce
65 ml de bouillon de légumes
1/2 c.c. de fécule
250 g de tofu
200 g de pois mange-tout
3 c.s. d'huile

1. Diviser les piments en deux, retirer les pépins et hacher finement la chair. Les mélanger avec l'ail, la sauce de poisson, le vinaigre de vin, la sauce de soja, le bouillon de légumes et la fécule. Couper le tofu en dés et le tourner dans le mélange. Laisser au moins mariner pendant 2 heures.

2. Diviser les pois mange-tout en deux.

3. Chauffer l'huile dans le wok, faire revenir les pois mange-tout pendant 2 à 3 minutes en tournant constamment puis les pousser vers le bord.

4. Egoutter le tofu, le faire revenir dans le wok, verser ensuite la marinade de tofu dans le wok. Mélanger le tout délicatement et réchauffer encore une fois.
(sur la photo: en bas)

RAPIDE • **FIN-ÉPICÉ**

RAPIDE • **RELEVÉ-ÉPICÉ**

21

Tofu aux légumes

- Préparation: env. 30 mn
- Env. 230 kcal par portion
- Accompagnement: riz

> 1 gousse d'ail coupée en dés
> 2 c.c. de gingembre coupé en petits dés
> 1 piment épépiné et coupé en dés (facultatif)
> 2 c.s. de sauce de soja
> 2 c.s. de vinaigre de vin
> 1/2 c.c. de pâte de haricot foncée
> 2 c.s. de crème de noix de coco solide, râpée
> 1/2 c.c. de fécule
> 250 g de tofu
> 1 poireau
> 150 g de carotte
> 125 g de champignons
> 3 c.s. d'huile

1. Mélanger l'ail avec le gingembre, le piment, la sauce de soja, le vinaigre de vin, la pâte de haricots, la crème de noix de coco, 60 ml d'eau et la fécule. Couper le tofu en tranches et puis en morceaux, et le tourner dans le mélange.

2. Couper le poireau, la carotte et les champignons en tranches, de biais.

3. Chauffer l'huile dans le wok, faire revenir la carotte et les tranches de poireau dans l'huile en tournant constamment et ajouter ensuite les champignons.

4. Verser le tofu et la marinade dans le wok, mélanger le tout délicatement et continuer la cuisson quelques instants.
(sur la photo du haut)

Tofu aux herbes cuit à la vapeur

- Préparation: env. 30 mn
- Marinage: 2 h
- Env. 250 kcal par portion
- Accompagnement: légumes et riz

> 1 botte de persil à feuilles plates
> 1 botte de ciboulette
> 1 botte de basilic
> 3 c.s. d'huile
> 2 c.s. de jus de citron
> sel
> poivre noir fraîchement moulu
> 300 g de tofu
> 100 g d'épinards

1. Hacher finement les herbes et les mélanger avec de l'huile, du jus de citron, du sel et du poivre.

2. Couper le tofu en petits morceaux, les tourner dans la marinade et laisser macérer 2 heures.

3. Trier les épinards et les étaler dans le panier pour cuisson à la vapeur. Déposer le tofu dessus et arroser avec la marinade.

4. Amener 3/4 l d'eau à ébullition dans le wok. Mettre le panier dans celui-ci, poser le couvercle sur le wok et cuire le tofu 8 minutes à la vapeur.
(sur la photo du bas)

RAPIDE • **FORT**

RAPIDE • **AROMATIQUE**

23

RAPIDE • CROUSTILLANT

Tofu dans un manteau de vermicelles

- Préparation: env. 30 mn
- Marinage: 1 h
- Env. 400 kcal par portion
- Accompagnement: sauce de soja

200 g de tofu
2 c.s. de sauce de soja
poivre noir fraîchement moulu
2-3 c.s. de farine
1 œuf battu
75 g de nouilles de riz étroites
1/2 l d'huile pour frire

1. Couper le tofu en petits dés, l'arroser avec la sauce de soja et le saupoudrer de poivre. Laisser mariner 1 heure à couvert.

2. Répartir la farine sur une assiette et battre l'œuf sur une deuxième assiette. Briser les nouilles en petits morceaux, à la main, et les mettre sur une troisième assiette.

3. Chauffer l'huile dans le wok. Travailler le tofu par petites portions: tourner chaque morceau d'abord dans la farine, puis dans l'œuf et finalement dans les vermicelles. Passer les boulettes 3 minutes dans l'huile chaude.

4. Les retirer de l'huile avec une écumoire et les laisser égoutter sur du papier essuie-tout.

RAPIDE • FRUITÉ-PIQUANT

Tofu aux pommes et aux oignons

- Préparation: env. 30 mn
- Marinage: env. 2 h
- Env. 270 kcal par portion
- Accompagnement: pain

3 c.s. de vinaigre de cidre, sel
poivre de Cayenne
1-2 c.c. de marjolaine séchée
250 g de tofu
1 botte d'oignons de printemps
2 oignons moyens
2 pommes à pelure rouge
2 c.s. d'huile d'olive
marjolaine fraîche

1. Mélanger le vinaigre avec du sel, du poivre de Cayenne et de la marjolaine. Couper le tofu en dés, et le laisser mariner 2 heures dans le mélange.

2. Couper les oignons de printemps et les autres en rondelles.

3. Frotter la pelure des pommes, les diviser en quartiers, puis en tranches.

4. Faire chauffer l'huile et frire les oignons. Ajouter les pommes, puis le tofu et la marinade et réchauffer le tout. Mélanger doucement, pour empêcher le tofu de se briser. Garnir avec la marjolaine fraîche.

Tofu aux champignons chinois

- Préparation: env. 30 mn
- Marinage: env. 2 h
- Env. 380 kcal par portion
- Accompagnement: pain

> 5 c.s. d'huile
> 2 gousses d'ail écrasées
> poivre noir fraîchement moulu
> sel
> 1 c.c. de thym séché
> 200 g de tofu
> 300 g de champignons chinois
> 150 g de chicorée rouge
> 1 oignon moyen
> 1 c.c. de farine
> 125 ml de bouillon de légumes

1. Mélanger 3 c.s. d'huile avec l'ail, le poivre, le sel et le thym. Couper le tofu en petits dés, le tourner dans cette marinade et laisser macérer pendant 2 heures.

2. Couper les champignons et la chicorée rouge en petits morceaux.

3. Emincer l'oignon. Chauffer le reste de l'huile dans le wok et saisir à feu vif les oignons et les champignons. Les pousser sur les bords et saisir le tofu.

4. Saupoudrer de farine et allonger avec le bouillon. Amener à ébullition, incorporer la chicorée rouge et la cuire un bref instant. Assaisonner le tout avec du sel et du poivre.
(sur la photo du haut)

Tofu enveloppé dans du papier de riz

- Préparation: env. 30 mn
- Marinage: 1 h
- Env. 250 kcal par portion
- Accompagnement: sauce aigre-douce

> 200 g de tofu
> 3 c.s. de sauce d'huîtres
> poivre de Cayenne
> 1 botte d'oignons de printemps
> 2 c.s. de farine
> 20 feuilles de riz d'un diamètre de 15 cm
> 1/2 l d'huile

1. Couper le tofu en petits morceaux, l'arroser de la sauce d'huîtres et le saupoudrer de poivre de Cayenne. Laisser mariner 1 heure à couvert.

2. Couper les oignons de printemps en très fines rondelles. Mélanger la farine avec 2 c.s. d'eau.

3. Verser une bonne quantité d'eau froide dans une assiette creuse. Tremper les feuilles de riz une à une dans l'eau, les ressortir et les déposer sur du papier essuie-tout. Déposer sur chaque feuille un morceau de tofu et quelques rondelles d'oignons. Tourner les bords des feuilles vers l'intérieur et les arroser avec un peu d'eau mélangée à de la farine, pour qu'elles collent.

4. Chauffer l'huile dans le wok et y faire dorer les morceaux de tofu, l'un après l'autre dans le wok. Les ressortir avec une écumoire et les laisser égoutter sur du papier essuie-tout.
(sur la photo du bas)

RAPIDE • RELEVÉ

RAPIDE • CROUSTILLANT

27

LÉGUMES ET CHAMPIGNONS

Le wok convient particulièrement bien à la cuisson des légumes et des champignons. Le choix est très vaste et l'on peut combiner les préparations à l'infini. Le temps de cuisson est très réduit, tout reste croquant sous la dent, présente un aspect frais et est riche en vitamines.

Assortiment de légumes

- Préparation: env. 45 mn
- Env. 430 kcal par portion
- Accompagnement: riz

1 petite carotte
100 g de pois mange-tout
1 petit poireau
150 g de chou chinois
100 g de germes de soja
100 g de pousses de bambou (en boîte)
100 g de mini-maïs (en boîte)
35 g de vermicelles de soja
4 c.s. de sauce de soja
1 c.s. de vinaigre de riz
3 c.s. de vin de riz
2 c.s. de ketchup
2 c.s. d'huile
3 c.s. de noix de cajou
2 gousses d'ail pressées
2 c.c. de gingembre moulu
1-2 piments frais finement hachés
éventuellement 2 c.c. de verdure de coriandre

1. Couper la carotte et le poireau, de biais, en rondelles. Diviser les pois mange-tout en deux, couper le poireau, en biais, en rondelles. Couper le chou en lanières.

2. Rincer les germes de soja, les pousses de bambou et les épis de maïs, les égoutter et éventuellement les couper en morceaux.

3. Laisser gonfler les vermicelles pendant quelques minutes dans de l'eau chaude.

4. Mélanger la sauce de soja avec le vinaigre de riz, le vin de riz et le ketchup.

5. Chauffer l'huile dans le wok, saisir les noix de cajou et les retirer ensuite. Saisir l'ail, le gingembre et le piment et les tourner constamment dans le wok. Ajouter les légumes un à un en commençant par les carottes, ensuite les germes de soja. Repousser toujours les légumes déjà cuits sur les bords du wok.

6. Mélanger finalement tous les légumes dans le wok. Incorporer les vermicelles égouttés et la sauce préparée, porter à ébullition et saupoudrer éventuellement le tout avec des noix de cajou et de la verdure de coriandre.

DEMANDE DU TEMPS
ÉPICÉ

RAPIDE • **DOUX-ÉPICÉ**

Shiitaké à la sauce tomate

- Préparation: env. 30 mn
- Env. 350 kcal par portion
- Accompagnement: nouilles plates

1 petite botte d'oignons de printemps
250 g de champignons Shiitaké frais (ou des champignons de Paris)
3 c.s. d'huile
sel
300 g de chair de tomates concassée (boîte)
poivre du moulin fraîchement moulu
1 botte de basilic
125 g de mozzarella

1. Couper les oignons de printemps en petits morceaux. Diviser grossièrement les champignons.

2. Chauffer l'huile dans le wok et faire revenir les oignons dedans. Les repousser sur le bord et saisir les champignons.

3. Ajouter la chair de tomates en mélangeant bien, saler et poivrer le tout et amener encore une fois à ébullition.

4. Couper le basilic en fins brins. Diviser la mozzarella en dés de taille moyenne. Mettre le tout dans le wok, mélanger brièvement et assaisonner fortement.

RAPIDE • DOUX

Endives à la sauce au cresson

- Préparation: env. 20 mn
- Env. 410 kcal par portion
- Accompagnement: pommes de terre rissolées

400 g d'endives
2 c.s. d'huile
3 c.s. d'amandes effilées
sel
poivre noir fraîchement moulu
poivre de Cayenne
100 ml de bouillon de légumes
100 g de crème fraîche
1 botte de cresson
quelques dés de poivron rouge

1. Couper les endives en morceaux de 1 cm d'épaisseur. Garder quelques feuilles pour garnir.

2. Chauffer l'huile dans le wok et faire revenir les amandes quelques instants avec le sel, le poivre noir et le poivre de Cayenne.

3. Incorporer le bouillon de légumes et la crème fraîche et cuire brièvement le tout. Découper le cresson et mettre la plus grosse partie dans le wok. Assaisonner les légumes avec le sel et le poivre, en garnir les feuilles d'endive et saupoudrer de cresson et de dés de poivron.

Légumes aigres-doux

- Préparation: env. 30 mn
- Env. 310 kcal par portion
- Accompagnement: riz

2 carottes
1 botte d'oignons de printemps
200 g de germes de soja
100 g de haricots mange-tout
6 c.s. de sauce de soja
3 c.s. de vinaigre de riz
6 c.s. de vin de riz
1 c.c. de fécule
poivre noir fraîchement moulu
3 c.s. d'huile
1-2 piments rouges épépinés et coupés en rondelles
2 gousses d'ail hachées
2 c.c. de gingembre finement haché
éventuellement 2 c.c. de verdure de coriandre fraîche

1. Couper les carottes en fines lamelles. Couper les oignons de printemps, de biais, en fines rondelles. Rincer les germes de soja à l'eau froide et les égoutter. Diviser les haricots mange-tout en trois dans le sens de la longueur.

2. Délayer la sauce de soja avec le vinaigre de riz, le vin de riz, la fécule et le poivre.

3. Faire chauffer l'huile dans le wok et saisir le piment, l'ail et le gingembre en tournant. Ajouter dans l'ordre les carottes, les haricots mange-tout, les oignons et les germes de soja.

4. Allonger avec la sauce préparée, bien mélanger et amener encore une fois à ébullition. Assaisonner et saupoudrer, à volonté, avec la verdure de coriandre.
(sur la photo du haut)

Légumes à la noix de coco et au maïs

- Préparation: env. 30 mn
- Env. 600 kcal par portion
- Accompagnement: nouilles

1 petite noix de coco fraîche
2-3 piments rouges frais
1 boîte d'épis de maïs (230 g net)
200 g de chou chinois
2 c.s. de graines de sésame
3 c.s. d'huile
2 gousses d'ail hachées
1 c.c. de gingembre finement moulu
125 ml de bouillon de légumes
5 c.s. de sauce de soja
2 c.s. de sauce d'huîtres

1. Ouvrir la noix de coco, détacher la chair de la coque et la râper grossièrement (avec un robot de cuisine). Ouvrir le piment, retirer les pépins et le couper en rondelles très fines.

2. Egoutter les épis et couper le chou chinois en fines lamelles.

3. Chauffer le wok, faire griller les graines de sésame et les retirer ensuite.

4. Faire chauffer l'huile dans le wok et faire revenir les rondelles de piment, l'ail et le gingembre. Ajouter ensuite la noix de coco râpée et allonger avec le bouillon.

5. Incorporer les épis de maïs et le chou, assaisonner avec la sauce de soja et la sauce d'huîtres et cuire encore quelques instants. Saupoudrer de graines de sésame et servir.
(sur la photo du bas)

RAPIDE • **CHINOIS**

RAPIDE • **FORT**

33

RAPIDE • ÉPICÉ

Légumes doux-amers

- Préparation: env. 30 mn
- Env. 370 kcal par portion
- Accompagnement: riz

> **500 g d'un mélange de légumes (carotte, brocoli, mini-maïs, poireau, céleri, pousses de bambou, germes de soja, pois mange-tout)**
> **100 g de champignons Shiitaké frais**
> **75 g de litchis en boîte**
> **2 c.s. de sauce de soja**
> **2 c.s. de sucre**
> **2 c.s. de vinaigre de riz**
> **2 c.s. de ketchup de tomates**
> **poivre fraîchement moulu**
> **1/2 c.c. de fécule**
> **3 c.s. d'huile**
> **2 c.s. de gingembre finement moulu**
> **2 gousses d'ail coupées en petits dés**

1. Couper tous les légumes et les champignons en petits morceaux. Cuire au préalable les légumes les plus durs quelques instants dans de l'eau et bien laisser égoutter. Egoutter les litchis.

2. Mélanger la sauce de soja avec le sucre, le vinaigre de riz, le ketchup, le poivre et la fécule.

3. Faire chauffer l'huile dans le wok, saisir rapidement le gingembre et l'ail. Ajouter les légumes peu à peu en commençant par les plus durs pour terminer par les germes de soja. Ajouter les litchis en dernier lieu.

4. Mélanger la sauce, la verser dans le wok et cuire encore quelques instants.

DEMANDE DU TEMPS • **AROMATIQUE**

Chou-fleur indien au curry

- Préparation: env. 45 mn
- Env. 290 kcal par portion
- Accompagnement: riz

1 petit chou-fleur
1 oignon moyen
200 g de tomates
3 c.s. de beurre fondu
1 gousse d'ail écrasée
2 c.s. de curry
1/2 c.c. de paprika rose
175 ml de bouillon de légumes
2 c.s. de raisins
sel
125 g de yaourt entier
1/2 c.c. de fécule
quelques feuilles de persil pour garnir

1. Diviser le chou-fleur en petits bouquets. Couper l'oignon en petits dés. Ebouillanter les tomates et les peler, retirer les pépins et les couper en petits dés.

2. Réchauffer le beurre fondu dans le wok, faire suer quelques instants les oignons et l'ail. Saupoudrer avec les épices, ajouter le chou-fleur et laisser suer le tout.

3. Allonger avec le bouillon et ajouter les tomates, les raisins et le sel. Amener à ébullition et laisser cuire doucement jusqu'à ce que le chou-fleur soit cuit. Rajouter éventuellement un peu d'eau si l'évaporation est trop forte.

4. Délayer la fécule avec le yaourt et le mélanger au chou-fleur. Décorer avec les feuilles de persil.

35

Mélange de légumes aux lentilles et chou frisé

- Préparation: env. 1 h
- Env. 460 kcal par portion
- Accompagnement: pain

> 350 ml de bouillon de légumes
> 100 g de lentilles brunes
> 1 oignon moyen
> 1 petite carotte
> 1 chou frisé moyen (500 g)
> 2 c.s. d'huile
> 1 c.c. 1/2 de fécule
> poivre fraîchement moulu
> sel
> 1-1 c.s. 1/2 de vinaigre
> éventuellement 3 c.s. de cerneaux de noix

1. Faire bouillir le bouillon de légumes dans une petite casserole. Y verser les lentilles et les laisser cuire de 1/2 heure à 3/4 heure. Egoutter les lentilles et garder le bouillon.

2. Emincer l'oignon et la carotte. Couper le chou en fines lanières.

3. Verser l'huile dans le wok, y faire revenir l'oignon et la carotte, et ajouter ensuite le chou. Ajouter également les lentilles.

4. Lier le bouillon avec la fécule, le verser dans le wok et laisser le tout cuire ensemble. Assaisonner avec le sel, le poivre et le vinaigre. Parsemer éventuellement de cerneaux de noix.
(sur la photo: en haut)

Lentilles au curry

- Préparation: env. 30 mn
- Env. 340 kcal par portion
- Accompagnement: yaourt

> 125 g de lentilles rouges
> sel, poivre du moulin
> 1 petit botte d'oignons de printemps
> 2 gousses d'ail
> 1 petit poivron rouge
> 2 c.s. de beurre fondu
> 1 c.c. de garam masala
> 1 c.c. de curcuma
> 1 c.c. de cumin

1. Trier les lentilles et les cuire dans 1/4 l d'eau. Saler et poivrer et laisser cuire 10 minutes à couvert.

2. Couper pendant ce temps les oignons de printemps en rondelles, de biais. Hacher finement l'ail. Couper le poivron en deux et le couper en fines lamelles.

3. Chauffer le beurre fondu dans le wok et saisir les oignons, l'ail et les lamelles de poivron pendant 2 minutes en tournant constamment.

4. Faire suer les épices quelques instants et ajouter les lentilles cuites. Mélanger brièvement, assaisonner et servir chaud.
(sur la photo: en bas)

DEMANDE DU TEMPS • PARFUMÉ

RAPIDE • INDIEN

37

RAPIDE • CRÉMEUX

Champignons à la sauce au safran

- Préparation: env. 20 mn
- Env. 370 kcal par portion
- Accompagnement: pâtes larges vertes

400 g de petits champignons
200 g de girolles fraîches (ou 1 petit bocal)
1 oignon rouge
1 poireau tendre
1 c.s. de beurre fondu
150 g de crème fraîche
1 sachet de safran moulu
sel, poivre noir du moulin
1 c.s. de vermouth blanc
1 c.s. de basilic haché

1. Frotter énergiquement les champignons et les girolles fraîches avec un linge humide et les laisser entiers. Rincer les champignons du bocal et les égoutter.

2. Emincer l'oignon. Découper le poireau en rondelles fines.

3. Chauffer le beurre fondu dans le wok et saisir le poireau et l'oignon. Ajouter les champignons et cuire le tout.

4. Incorporer la crème et ensuite le safran. Amener rapidement à ébullition, assaisonner avec le sel, le poivre et le vermouth. Saupoudrer de basilic.

RAPIDE • ÉPICÉ

Mélange de légumes aux haricots

- Préparation: env. 30 mn
- Env. 260 kcal par portion
- Accompagnement: morceaux de ciboulette

**250 g de haricots verts
sel
1 petit poireau
200 g de germes de soja frais
130 g de haricots rouges, en boîte
2 c.s. d'huile
2 gousses d'ail hachées
75 ml de bouillon de légumes
2 c.c. de pâte de haricots noirs
poivre noir fraîchement moulu**

1. Briser éventuellement les haricots verts en deux et les laisser cuire dans de l'eau salée en les gardant croquants. Bien les égoutter ensuite.

2. Couper le poireau en fines rondelles. Rincer les germes de soja et les haricots rouges à l'eau froide et les égoutter.

3. Chauffer l'huile dans le wok et saisir l'ail et les rondelles de poireau en tournant constamment. Ajouter les haricots verts, les germes de soja et les haricots bruns et cuire le tout pendant 3 minutes.

4. Incorporer le bouillon de légumes et la pâte de haricots, mélanger rapidement les légumes, assaisonner avec du poivre et éventuellement avec un peu de sel.

NOUILLES

Les Asiatiques apprécient certainement autant les nouilles que les Italiens. Ils ne les préparent pas uniquement avec de la farine de froment, mais aussi avec du riz finement moulu ou de la farine obtenue à partir de légumineuses. Ce qui explique la grande variété de nouilles que l'on trouve en **Extrême-Orient**.

Vermicelles de riz braisés

- Préparation: env. 45 mn
- Env. 490 kcal par portion
- Accompagnement: bière fraîche

125 g de vermicelles de riz larges (ou de nouilles à base de froment)
125 g de carottes
1 petite botte d'oignons de printemps
100 g de germes de soja frais
50 g de pousses de bambou (en boîte)
2-3 piments rouges frais
3 c.s. d'huile de soja
2 c.s. de gingembre finement haché
2 gousses d'ail pressées
5 c.s. de sauce de soja
poivre noir fraîchement moulu
1 c.c. d'huile de sésame

1. Verser une grande quantité d'eau chaude sur les vermicelles de riz et les laisser gonfler quelques minutes ou bien cuire les vermicelles dans une grande quantité d'eau salée, en veillant à ce qu'ils restent fermes et les égoutter ensuite.

2. Découper les carottes et les oignons de printemps en biais, en rondelles. Passer les germes de soja sous l'eau et les égoutter. Egoutter les pousses de bambou et les couper en petits morceaux.

3. Ouvrir les piments, retirer les pépins et les hacher le plus finement possible.

4. Chauffer l'huile de soja dans le wok, saisir le piment, l'ail et le gingembre et les pousser vers le bord. Faire revenir les uns après les autres les carottes, les oignons de printemps, les germes de soja et les pousses de bambou en repoussant toujours les morceaux déjà cuits sur les bords.

5. Mélanger tous les légumes dans le wok et les assaisonner avec de la sauce de soja et du poivre. Bien égoutter les vermicelles, les mettre dans le wok et cuire le tout pendant 2 minutes en tournant constamment. Arroser avec l'huile de sésa-

DEMANDE DU TEMPS
RELEVÉ-ÉPICÉ

Vermicelles de soja aux œufs et aux champignons

- Préparation: env. 30 mn
- Env. 500 kcal par portion
- Accompagnement: bière fraîche

75 g de vermicelles de soja
200 g de champignons
200 g de carottes
1 petite botte d'oignons de printemps
3 c.s. d'huile
3 œufs
1 c.s. de gingembre moulu ou finement haché
3 c.s. de sauce de soja
3 c.s. de sauce de poisson
1/2 c.c. de sambal oelek
125 ml de bouillon de légumes

1. Faire tremper quelques instants les vermicelles de soja dans une grande quantité d'eau.

2. Couper les oignons, les champignons et les carottes en fines rondelles.

3. Chauffer 1 c.s. d'huile dans le wok. Délayer les œufs, les verser dans le wok et les faire prendre en tournant constamment, puis les ôter du wok.

4. Faire chauffer le reste de l'huile dans le wok, saisir les carottes, les oignons et les champignons. Assaisonner avec le gingembre.

5. Mélanger la sauce de soja avec la sauce de poisson, le sambal oelek, et le bouillon de légumes et verser dans le wok. Egoutter les vermicelles de soja, les couper éventuellement en petits morceaux et les ajouter aux œufs. Bien mélanger le tout.
(sur la photo du haut)

Vermicelles de soja au bambou et aux poivrons

- Préparation: env. 30 mn
- Env. 360 kcal par portion
- Accompagnement: salade de chou chinois

75 g de vermicelles de soja
300 g de pousses de bambou en boîte
1 petit poivron rouge et 1 vert
1 poireau
3 c.s. d'huile
2 gousses d'ail pressées
1 c.s. de gingembre finement haché
125 ml de bouillon de légumes
3 c.s. de sauce d'huîtres
poivre noir fraîchement moulu

1. Faire tremper quelques instants les vermicelles de soja dans une grande quantité d'eau chaude.

2. Egoutter les pousses de bambou, les couper en fines tranches ou en tranches assez larges. Diviser les poivrons et les couper en biais, en fines lamelles.

3. Couper le poireau en fines rondelles. Chauffer l'huile dans le wok et faire revenir le poireau dedans. Ajouter l'ail et le gingembre et saisir l'un après l'autre les lamelles de poivron et les pousses de bambou.

4. Diluer le bouillon de légumes avec la sauce d'huîtres et le poivre et le verser dans le wok. Egoutter les vermicelles de soja, éventuellement les découper aux ciseaux et les mettre ensuite dans le wok. Mélanger intimement le tout et réchauffer quelques instants.
(sur la photo du bas)

RAPIDE • **ASSEZ RELEVÉ**

RAPIDE • **PIQUANT**

43

DEMANDE DU TEMPS • **PIQUANT**

Nouilles frites au ragoût de tomates

- Préparation: env. 45 mn
- Trempage: 20 mn
- Env. 530 kcal par portion
- Accompagnement: verre de vin rouge

25 g de champignons Tongu séchés
100 g de nouilles
750 g de tomates
2 oignons
env. 1/2 l d'huile pour frire
2 gousses d'ail hachées
100 ml de vin rouge ou de bouillon de légumes
2 c.s. de basilic finement haché
sel
poivre noir fraîchement moulu

1. Faire tremper les champignons et les nouilles séparément, dans de l'eau chaude en suivant les indications du paquet.

2. Passer les tomates dans l'eau bouillante, enlever la peau et les couper en petits morceaux. Emincer les oignons. Couper les champignons en petits morceaux et éliminer le pied.

3. Chauffer l'huile dans le wok. Bien égoutter les nouilles, les séparer les unes des autres et les cuire par portion dans l'huile chaude pendant 1 minute, les retirer ensuite avec une écumoire et les égoutter sur du papier essuie-tout. Garder au chaud à couvert.

4. Vider l'huile du wok, en gardant 2 c.s. Saisir l'oignon et l'ail et cuire aussi les champignons. Incorporer en mélangeant les tomates et le vin, porter le tout à ébullition et assaisonner avec du basilic, du sel et du poivre. Servir avec les nouilles.

DEMANDE DU TEMPS • **CHINOIS**

Vermicelles de riz aux 8 délices

- Préparation: env. 45 mn
- Trempage: 20 mn
- Env. 700 kcal par portion
- Accompagnement: bière fraîche

100 g de vermicelles de riz larges
5 g de champignons Tongu séchés et
5 g de champignons Mu-err séchés
30 g de noix de ginkgo, en boîte
30 g de graines de lotus, en boîte
50 g de litchis, en boîte
3 dattes séchées, 3 prunes
2 oignons de printemps, 2 c.s. d'huile
2 gousses d'ail écrasées
2 c.s. de noix de cajou, poivre noir
3-4 c.s. de sauce de soja
2 c.c. d'huile de sésame

1. Faire tremper les vermicelles dans une grande quantité d'eau chaude salée, en suivant les indications du paquet.

2. Faire tremper les champignons Tongu et Mu-err pendant 20 minutes dans de l'eau chaude et les détailler grossièrement en éliminant les pieds. Egoutter les noix de ginkgo, les graines de lotus et les litchis. Retirer le noyau des prunes et des dattes et les ouvrir en deux.

3. Couper les oignons de printemps, en biais, en fines rondelles. Chauffer l'huile dans le wok, incorporer les oignons, l'ail et les noix de cajou et cuire quelques instants.

4. Incorporer les autres ingrédients en terminant par les vermicelles égouttés. Assaisonner le tout avec du poivre, de la sauce de soja, et arroser de quelques gouttes d'huile de sésame au moment de servir.

45

Nouilles aux légumes

▪ Préparation: env. 30 mn
▪ Env. 580 kcal par portion
▪ Accompagnement: verre de vin rouge

175 g de macaroni
sel
1 petite aubergine
1 petit poivron jaune
2 petites courgettes
1 oignon de taille moyenne
3 c.s. d'huile d'olive
300 g de chair de tomates (en boîte)
poivre noir fraîchement moulu
2 c.c. de marjolaine
2 c.s. de parmesan râpé

1. Cuire les macaronis dans une grande quantité d'eau bouillante salée, puis bien les égoutter.
2. Couper l'aubergine, le poivron et les courgettes en petits dés. Emincer l'oignon.
3. Chauffer modérément l'huile dans le wok, glacer les oignons dedans. Cuire le reste des légumes.
4. Cuire les nouilles en les tournant constamment, incorporer la chair des tomates. Assaisonner avec du sel, du poivre, de la marjolaine et amener à ébullition pendant quelques instants. Servir saupoudré de parmesan.
(sur la photo: en haut)

Légumes chinois avec des vermicelles de riz frits

▪ Préparation: env. 40 mn
▪ Env. 390 kcal par portion
▪ Accompagnement: bière fraîche

1 carotte
1 poireau
1 petit poivron rouge
125 g de chou chinois
125 g de brocoli
2 c.s. de ketchup
3 c.s. de sauce de soja
50 ml de bouillon de légumes
1/4 c.c. de fécule
poivre noir fraîchement moulu
1/2 l d'huile pour frire et rôtir
50 g de vermicelles de riz

1. Couper la carotte, le poireau, le poivron, le chou chinois et le brocoli en petits morceaux.
2. Diluer le ketchup avec la sauce de soja, le bouillon de légumes, la fécule et le poivre.
3. Chauffer l'huile dans le wok. Frire les vermicelles de riz par portion, jusqu'à ce qu'ils deviennent blancs et gonflent. Les sortir avec une écumoire et les garder au chaud.
4. Vider l'huile du wok en conservant 3 c.s. Chauffer à nouveau le wok et cuire les légumes les uns après les autres. Verser dessus la sauce préparée au préalable, bien mélanger le tout. Dresser sur un plat avec les vermicelles.
(sur la photo: en bas)

RAPIDE • **PARFUMÉ**

DEMANDE DU TEMPS • **CROUSTILLANT**

47

RAPIDE • **CROQUANT**

Nouilles aux poireaux et aux cacahuètes

- Préparation: env. 30 mn
- Env. 510 kcal par portion
- Accompagnement: salade de tomates

125 g de vermicelles de riz larges (ou éventuellement des nouilles)
200 g de carottes
300 g de poireaux
3 c.s. d'huile
2 c.c. de gingembre finement moulu
1 gousse d'ail hachée
2 c.s. de cacahuètes grillées et salées
poivre noir fraîchement moulu
sel

1. Verser une grande quantité d'eau chaude sur les vermicelles de riz et les laisser gonfler quelques minutes. (Cuire les nouilles dans de l'eau salée juste assez pour qu'elles restent fermes sous la dent et les égoutter ensuite).

2. Couper les carottes et les poireaux en lamelles longues et fines.

3. Chauffer l'huile dans le wok, saisir l'ail et le gingembre dedans. Cuire les carottes avec le poireau.

4. Egoutter les nouilles et les mettre avec les cacahuètes dans le wok, cuire pendant 2 minutes en tournant, assaisonner ensuite avec du poivre et un petit peu de sel.

RAPIDE • SAVOUREUX

Nouilles au fenouil

- Préparation: env. 30 mn
- Env. 640 kcal par portion
- Accompagnement: verre de rosé

175 g de pennes ou d'une autre sorte de nouilles
sel
1 gros fenouil
1 carotte
2 c.s. de pignons de pin
3 c.s. d'huile d'olive
2 gousses d'ail pressées
3 c.s. de ketchup
poivre noir du moulin

1. Cuire les pennes dans une grande quantité d'eau salée, juste assez pour qu'ils restent fermes, bien les égoutter ensuite.

2. Emincer le fenouil et hacher finement la verdure. Couper la carotte en fines rondelles.

3. Faire dorer les pignons de pin à la poêle et les retirer ensuite. Chauffer modérément l'huile d'olive dans le wok et saisir l'ail, le fenouil et la carotte en tournant constamment.

4. Ajouter les nouilles et les saisir constamment. Assaisonner le tout avec le ketchup, le sel et beaucoup de poivre. Incorporer la verdure de fenouil et les pignons de pin au moment de servir.

Nouilles au brocoli et au fromage de brebis

- Préparation: env. 30 mn
- Env. 780 kcal par portion
- Accompagnement: salade de tomates

125 g de nouilles larges
sel
500 g de brocoli
3 c.s. d'huile d'olive
2 gousses d'ail pressées
2 c.c. de feuilles d'origan hachées
2 c.s. de graines de sésame
200 g de fromage de brebis
poivre noir du moulin
1 c.s. d'huile de sésame

1. Cuire les nouilles dans une grande quantité d'eau salée pour qu'elles restent fermes et les égoutter à l'aide d'une écumoire.

2. Couper le brocoli en petits bouquets. Diviser les bouquets en petits morceaux.

3. Chauffer modérément l'huile d'olive dans le wok, incorporer le brocoli en mélangeant bien et le saisir pendant 5 minutes. Saisir l'ail en même temps et incorporer l'origan.

4. Saisir en mélangeant les nouilles et les graines de sésame. Diviser le fromage de brebis en gros morceaux et l'ajouter, assaisonner le tout avec du poivre et réchauffer. Arroser de quelques gouttes d'huile de sésame au moment de servir.
(sur la photo du haut)

Nouilles aux œufs et aux champignons Mu-err

- Préparation: env. 30 mn
- Trempage: 20 mn
- Env. 630 kcal par portion
- Accompagnement: thé

15 g de champignons Mu-err séchés
200 g de nouilles chinoises
(ou de spaghettis)
sel
1 botte d'oignons de printemps
200 g de chou chinois
1 petit poivron rouge
125 ml de bouillon de légumes
1 c.c. de fécule
4 c.s. de sauce de soja
1/2 c.c. de sambal oelek
3 c.s. d'huile
2 gousses d'ail pressées

1. Rincer les champignons Mu-err sous l'eau froide et les laisser ensuite gonfler 20 minutes dans l'eau chaude. Précuire les nouilles dans l'eau salée pendant 2 minutes et les égoutter. (Cuire les spaghettis de manière à ce qu'ils restent fermes.)

2. Couper les oignons de printemps, le chou chinois et le poivron en petits morceaux. Egoutter les champignons Mu-err et les couper en petits morceaux.

3. Délayer le bouillon de légumes avec la fécule, la sauce de soja et le sambal oelek.

4. Chauffer l'huile dans le wok, et saisir l'ail, les champignons et les légumes l'un après l'autre. Ajouter les nouilles et les saisir et incorporer ensuite la sauce préparée. Réchauffer le tout rapidement et bien mélanger.
(sur la photo du bas)

RAPIDE • **PARFUMÉ**

RAPIDE • **AROMATIQUE**

51

RIZ ET CÉRÉALES

Le riz est l'aliment de base en Asie et il fait partie des aliments quotidiens. Il est servi étuvé, cuit, frit, en accompagnement, mélangé à d'autres ingrédients colorés ou comme plat principal.

Riz cuit

125 g de riz basmati ou de riz parfumé
éventuellement un peu de sel

1. Rincer le riz dans une passoire jusqu'à ce que l'eau reste claire. Le cuire dans environ 200 ml d'eau en salant l'eau selon son goût. Cuire le riz pendant environ 2 minutes, diminuer fortement la chaleur et prolonger la cuisson de 7 à 8 minutes.

2. Lorsque le riz a absorbé toute l'eau, allonger avec de l'eau bouillante pour qu'elle dépasse le niveau du riz de 1/2 cm. Laisser gonfler le riz à couvert pendant encore 7 à 8 minutes sur la plaque de cuisson coupée. Cette quantité de riz cru donne environ 350 g de riz cuit.

Riz aux lentilles doux-amer

- Préparation: env. 30 mn
- Env. 550 kcal par portion
- Accompagnement: bière fraîche

75 g de lentilles rouges
150 ml de bouillon de légumes
150 g de litchis frais
1/2 céleri
1 poireau
3 c.s. de vinaigre de riz
5 c.s. de sauce de soja
2 c.c. de sucre
3 c.s. de ketchup
poivre noir fraîchement moulu
3 c.s. d'huile
2 gousses d'ail pressées
2 c.c. de gingembre finement haché
200 g de riz cuit (env. 65 g de riz cru)
tranches de concombre pour garnir

1. Trier les lentilles. Amener le bouillon à ébullition et cuire les lentilles pendant 5 minutes, à couvert. Retirer ensuite du feu.

2. Peler les litchis et enlever les noyaux. Emincer le céleri et couper le poireau en fines rondelles.

3. Délayer le vinaigre de riz avec la sauce de soja, le sucre, le ketchup et le poivre.

4. Chauffer l'huile dans le wok et saisir l'ail, le gingembre, le céleri et le poireau en tournant constamment. Ajouter le riz et le saisir aussi, ajouter ensuite les lentilles et les litchis et allonger avec la sauce préparée. Mélanger le tout brièvement, continuer la cuisson, présenter sur un plat et garnir de tranches de concombre.

RAPIDE
AIGRE-DOUX

DEMANDE DU TEMPS • **DOUX**

Riz étuvé aux petits pois

- Préparation: env. 1 h
- Env. 320 kcal par portion
- Accompagnement: sauce de soja

250 ml de bouillon de légumes
125 g de riz long grain
1 petit chou chinois ou 1/2 petit chou de Milan
100 g de tomates cerises
1 petit poivron jaune
125 g de petits pois surgelés
4 c.s. de persil haché

1. Amener le bouillon de légumes à ébullition, ajouter le riz et le laisser cuire sur feu doux.

2. Défaire les feuilles du chou, mettre les feuilles extérieures de côté et couper la partie centrale en fines lanières.

3. Diviser les tomates cerises. Diviser également le poivron et le couper en fines lamelles. Les mélanger avec les petits pois, le persil, le chou finement haché et le riz.

4. Tapisser le fond du panier à vapeur du wok avec des feuilles de chou et verser le mélange de riz par-dessus.

5. Amener environ 3/4 l d'eau à ébullition dans le wok, et déposer le panier dedans. Mettre le couvercle et laisser cuire le riz à la vapeur pendant 15 à 20 minutes.

DEMANDE DU TEMPS • ÉPICÉ

Riz indien à la noix de coco

- Préparation: env. 45 mn
- Env. 750 kcal par portion
- Accompagnement: salade douce-amère de chou chinois

100 g de crème de noix de coco solide
300 ml de bouillon de légumes
125 g de riz long grain
2 poireaux
2 carottes
2 c.s. d'huile
1 c.c. de gingembre finement moulu
3 c.s. d'amandes effilées
1 c.c. de cumin moulu
3 c.s. de raisins secs
poivre de Cayenne
sel

1. Râper la crème de noix de coco, et amener à ébullition avec le bouillon de légumes, dans une casserole. Cuire le riz dans ce mélange pendant 20 petites minutes, à couvert.

2. Couper pendant ce temps les poireaux et les carottes en lamelles fines et longues.

3. Chauffer l'huile dans le wok et griller les amandes et le gingembre dedans, en tournant continuellement. Incorporer en tournant les légumes, ensuite le cumin et les raisins secs.

4. Ajouter le riz et cuire pendant quelques minutes, assaisonner avec du poivre de Cayenne et du sel.

Riz au curry et aux fruits

- Préparation: env. 45 mn
- Env. 580 kcal par portion
- Accompagnement: thé vert

  250 ml de bouillon de légumes
  125 g de riz long grain
  50 g d'amandes entières
  1 poireau tendre
  140 g d'ananas en boîte
  1 petite pomme
  1 kiwi
  1 petite banane
  2 c.s. d'huile
  2 c.s. de poudre de curry

1. Amener le bouillon à ébullition, ajouter le riz et laisser gonfler sur feu moyen.

2. Cuire les amandes pendant 3 à 4 minutes dans de l'eau bouillante, laisser refroidir un peu et enlever leur peau brune.

3. Couper le poireau de biais en rondelles. Egoutter les ananas et les couper en dés. Couper la pomme en quartiers puis en morceaux. Peler le kiwi, le couper en rondelles et diviser celles-ci en deux. Peler la banane et la couper en rondelles.

4. Chauffer l'huile dans le wok, griller les amandes en tournant constamment et les ôter ensuite du wok.

5. Cuire le poireau, le saupoudrer de curry en poudre et le laisser suer quelques instants. Incorporer le riz, mélanger les fruits et les réchauffer quelques instants. Saupoudrer avec les amandes au moment de servir.
(sur la photo: en haut)

Curry de riz aux pousses d'ocra

- Préparation: env. 45 mn
- Env. 420 kcal par portion
- Accompagnement: bière fraîche

  250 ml de bouillon de légumes
  125 g de riz long grain
  200 g d'okra
  sel
  1 c.s. de vinaigre
  1 oignon
  2 c.s. d'huile
  2 gousses d'ail pressées
  2 c.c. de gingembre haché
  1-2 c.s. de poudre de curry
  2 branches de menthe
  150 g de yaourt au lait entier
  poivre noir fraîchement moulu

1. Amener le bouillon de légumes à ébullition et laisser gonfler le riz dedans, à couvert, sur feu doux.

2. Râper la prune tendre des pousses d'ocra, découper la pointe et le raccord à la tige. Amener l'eau, le vinaigre et le sel à ébullition, cuire l'okra pendant 5 minutes et laisser ensuite égoutter.

3. Couper l'oignon en dés. Chauffer l'huile dans le wok et les saisir, avec l'ail et le gingembre. Saupoudrer de curry en poudre, incorporer les pousses d'ocra et le riz et cuire en tournant constamment.

4. Hacher finement la menthe, la mélanger au yaourt, assaisonner avec du poivre et du sel. Servir avec le riz.
(sur la photo: en bas)

DEMANDE DU TEMPS • **FRUITÉ**

DEMANDE DU TEMPS • **PIQUANT**

57

DEMANDE DU TEMPS • EXOTIQUE

Riz aux champignons et aux œufs

- Préparation: env. 45 mn
- Trempage: 20 mn
- Env. 460 kcal par portion
- Accompagnement: dés de poivron frits

10 g de champignons Mu-err
125 ml de bouillon de légumes
2 c.s. de sauce de soja
1 c.s. de sauce d'huîtres
poivre noir fraîchement moulu
125 g de tofu
125 g de riz long grain
sel
1 botte d'oignons de printemps
3 œufs

1. Rincer les champignons et les faire tremper dans un peu d'eau chaude pendant 20 minutes. Délayer, dans le bouillon de légumes, la sauce de soja, la sauce d'huîtres et le poivre. Diviser le tofu en petits dés et les tourner dans le mélange.

2. Cuire le riz dans une grande quantité d'eau légèrement salée. Couper les oignons de printemps, en biais, en rondelles.

3. Couper les champignons en petits morceaux, les verser dans le wok avec l'eau de trempage et le tofu mariné et les cuire. Ajouter les oignons de printemps et bien cuire le tout.

4. Battre les œufs, les verser lentement dans le bouillon très chaud et les laisser prendre en tournant constamment.

5. Egoutter le riz et le servir avec le mélange aux œufs.

Boulettes de riz au ragoût de champignons

- Préparation: env. 1 h 15
- Trempage: 20 mn
- Env. 920 kcal par portion
- Accompagnement: verre de rosé

300 ml de bouillon de légumes
150 g de riz collant ou de riz à grains ronds
1 œuf
50 g d'emmenthal ou de gouda
2 c.s. de chapelure
10 g de cèpes séchés
200 g de petits champignons fermes
2 oignons de printemps
1/2 l d'huile pour frire
sel, poivre noir du moulin
125 g de crème fraîche
3 c.s. de ciboulette hachée

1. Amener le bouillon à ébullition et laisser gonfler le riz dedans, à température moyenne. Incorporer l'œuf et laisser refroidir.

2. Hacher grossièrement le fromage. Former des boulettes dans la masse de riz, en mettant chaque fois un morceau de fromage au centre de la boulette. Les rouler dans la chapelure et les mettre au frais pendant 1/2 heure.

3. Faire tremper les cèpes pendant 20 minutes dans de l'eau. Emincer les champignons et les oignons.

4. Chauffer l'huile dans le wok, faire dorer les boulettes dans l'huile et les garder ensuite au chaud. Vider l'huile en conservant 2 c.s. dans le wok et saisir les cèpes égouttés, les champignons et les oignons de printemps. Assaisonner avec du sel, et du poivre et incorporer la crème fraîche. Servir les champignons avec les boulettes de riz et saupoudrer de ciboulette.

Mélange d'orge et de chou rouge

- Préparation: env. 20 mn
- Env. 620 kcal par portion
- Accompagnement: verre de vin rouge

- 250 ml de bouillon de légumes
- 125 g d'orge mondé
- 125 g de petites échalotes
- 1/2 petit chou rouge
- 3 c.s. d'huile
- 2 gousses d'ail pressées
- 2 c.c. de marjolaine
- sel, poivre noir du moulin
- 75 g de pecorino
- 50 g d'olives vertes dénoyautées

1. Amener le bouillon de légumes à ébullition et laisser cuire l'orge mondé pendant 10 minutes, sur feu moyen.

2. Diviser les échalotes en deux ou en quatre et émincer finement le chou rouge.

3. Chauffer l'huile dans le wok et saisir les échalotes et l'ail dedans. Incorporer le chou rouge et le cuire en tournant pendant quelques minutes. Assaisonner avec de la marjolaine, du sel et du poivre, ajouter l'orge, bien mélanger et cuire encore 4 à 5 minutes.

4. Couper le fromage en petits dés et diviser les olives en deux. Les ajouter au chou, bien mélanger et épicer fortement.
(sur la photo: en haut)

Quinoa aux carottes et au chou-rave

- Préparation: env. 30 mn
- Env. 680 kcal par portion
- Accompagnement: verre de vin blanc

- 250 ml de bouillon de légumes
- 125 g de graines de quinoa (herbe des Incas)
- 250 g de carottes
- 1 chou-rave avec de la verdure
- 1 poire ferme
- 2 c.c. de jus de citron
- 1 oignon
- 3 c.s. d'huile
- poivre noir du moulin
- coriandre moulue
- 75 g de mascarpone
- 2 c.s. de graines de potiron hachées

1. Amener le bouillon à ébullition, et laisser cuire les graines de quinoa pendant 10 minutes, à feu moyen et à couvert.

2. Couper les carottes et le chou-rave en fines lamelles et hacher la verdure du chou-rave. Retirer la partie centrale de la poire et la couper en petits morceaux, puis l'arroser de jus de citron.

3. Emincer l'oignon en petits dés. Faire chauffer l'huile dans le wok et saisir les oignons dedans. Faire revenir les lamelles de carottes et de chou-rave pendant 3 minutes, en tournant constamment, épicer avec du poivre et de la coriandre.

4. Incorporer les graines de quinoa et les lamelles de poire et cuire le tout en tournant. Assaisonner et servir garni d'une cuillerée de mascarpone; saupoudrer de graines de potiron.
(sur la photo: en bas)

RAPIDE • **ÉPICÉ**

RAPIDE • **DOUX**

DEMANDE DU TEMPS • CHINOIS

Galettes de riz à la sauce aux légumes

- Préparation: env. 1 h 30
- Env. 530 kcal par portion
- Accompagnement: thé

> 150 g de riz long grain
> sel
> 1/2 l d'huile
> 2 oignons de printemps
> 2 petites carottes
> 200 g de brocoli
> 2 gousses d'ail pressées
> 2 c.c. de gingembre haché
> 4 c.s. de sauce de soja
> poivre de Cayenne ou de Szechwan
> 1 c.s. de fécule
> 350 ml de bouillon de légumes

1. Préchauffer le four à 200° C. Cuire le riz puis le laisser égoutter. Le mettre dans un plat allant au four, en une couche d'au moins 1/2 cm d'épaisseur, le cuire 1 heure et le laisser sécher. Couper pendant ce temps les oignons et les carottes en fines lamelles. Couper le brocoli en bouquets.

2. Faire chauffer 2 c.s. d'huile dans le wok, saisir l'ail, le gingembre et les légumes dedans, assaisonner avec la sauce de soja et le poivre. Délayer la fécule dans le bouillon de légumes, le verser dans le wok, amener le tout à ébullition pendant 3 à 4 minutes, ôter les aliments du wok et les garder au chaud.

3. Retirer la galette de riz du four. Essuyer le wok avec du papier et faire chauffer le reste de l'huile. Casser grossièrement la galette de riz et la cuire par petites portions. Arroser avec la sauce aux légumes au moment de servir.

Index des recettes

Assortiment de légumes 28
Boulettes de riz au ragoût de champignons 59
Boulettes indiennes aux légumes 12
Brocoli frit au fromage 14
Champignons à la sauce au safran 38
Chou-fleur indien au curry 35
Curry de riz aux pousses d'ocra 56
Endives à la sauce au cresson 31
Galettes de riz à la sauce aux légumes 62
Légumes aigres-doux 32
Légumes à la noix de coco et au maïs 32
Légumes chinois avec des vermicelles de riz frits 46
Légumes doux-amers 34
Lentilles au curry 36
Mélange de légumes aux haricots 39
Mélange de légumes aux lentilles et chou frisé 36
Mélange d'orge et de chou rouge 60

Nouilles au brocoli et au fromage de brebis 50
Nouilles au fenouil 49
Nouilles aux légumes 46
Nouilles aux œufs et aux champignons Mu-err 50
Nouilles aux poireaux et aux cacahuètes 48
Nouilles frites au ragoût de tomates 44
Pâte à Wan-Tan 6
Paupiettes de chou chinois à la vapeur 18
Pochettes de pâte à la noix de coco 10
Quinoa aux carottes et au chou-rave 60
Riz au curry et aux fruits 56
Riz aux champignons et aux œufs 58
Riz aux lentilles doux-amer 53
Riz cuit 52
Riz étuvé aux petits pois 54
Riz indien à la noix de coco 55
Rouleaux de printemps au tofu 10
Rouleaux de printemps farcis aux lentilles et au curry 7

Shiitaké à la sauce tomate 30
Soupe amère de vermicelles de soja 16
Soupe au curry 16
Soupe au Wan-Tan 12
Soupe épicée à la noix de coco 15
Tofu à la sauce de poisson 20
Tofu aux champignons chinois 26
Tofu aux herbes, cuit à la vapeur 22
Tofu aux légumes 22
Tofu aux pommes et aux oignons 25
Tofu braisé au brocoli 20
Tofu dans un manteau de vermicelles 24
Tofu enveloppé dans du papier de riz 26
Vermicelles de riz aux 8 delices 45
Vermicelles de riz braisés 40
Vermicelles de soja au bambou et aux poivrons 42
Vermicelles de soja aux œufs et aux champignons 42
Wan-Tan cuits à la vapeur 8
Wan-Tan frits 8

Titre original: *Vegetarisches aus dem Wok*
© MCMXCIII Falken-Verlag GmbH,
Niedernhausen/Ts, Allemagne.
© Zuidnederlandse Uitgeverij N.V.,
Aartselaar, Belgique, MCMXCIV.
Tous droits réservés.

Cette édition par: Chantecler, Belgique-France.
Traduction française: M. Lesceux.
D-MCMXCIV-0001-75